KB146488

평원왕은 주변의 여러 나라와
친하게 지내면서 나라의 힘을 키워 나갔어요.
하지만 큰 전쟁을 앞두고 세상을 뜨고 말았어요.
영양왕 때에는 여러 번에 걸친
수나라의 침략을 물리쳤어요.
을지문덕은 수나라의 백만 대군을
무찌르는 큰 성과를 거두었답니다.

**추천 감수  박현숙**(고대사)

고려대학교 사범대학 역사교육과를 졸업하고 동 대학원에서 문학박사 학위를 받았습니다. 현재 고려대학교 사범대학 역사교육과 교수로 재직 중이며, 백제 문화와 고대 인물사 등에 대한 활발한 연구를 계속하고 있습니다. 쓴 책으로 《백제의 중앙과 지방》, 《한국사의 재조명》 등이 있습니다.

**추천 감수  정구복**(고려사 · 조선사)

서울대학교 사범대학 역사교육과를 졸업하고 서강대학교에서 문학박사 학위를 받았습니다. 한국학중앙연구원 한국학대학원의 교수로 재직 중이며, 한국학중앙연구원 한국학대학원 원장을 역임하였습니다. 쓴 책으로 《한국인의 역사 의식》, 《역주 삼국사기》, 《한국 중세 사학사 1, 2》 등이 있습니다.

**추천 감수  김한종**(근현대사)

서울대학교 사범대학 역사교육과를 졸업하고 동 대학원에서 역사교육을 전공하여 문학박사 학위를 받았습니다. 현재 한국교원대학교 교수로 재직 중입니다. 쓴 책으로 《역사 교육 과정과 교과서 연구》, 《역사 교육의 내용과 방법》(공저), 《한 · 중 · 일 3국의 근대사 인식과 역사 교육》(공저), 《역사 교육과 역사 인식》(공저) 등이 있습니다.

**고증  문중양**(과학사)

서울대학교 계산통계학과를 졸업하고 동 대학원에서 이학박사 학위를 받았습니다. 쓴 책으로 《우리 역사 과학 기행》, 《우리의 과학문화재》(공저), 《세종의 국가 경영》(공저) 등이 있습니다.

**고증  정연식**(생활사 및 복식)

서울대학교 국사학과를 졸업하고 동 대학원에서 문학박사 학위를 받았습니다. 쓴 책으로 《조선 시대 사람들은 어떻게 살았을까?》(공저), 《일상으로 본 조선 시대 이야기 1, 2》 등이 있습니다.

**글  박영규**

1996년 밀리언셀러 《한권으로 읽는 조선왕조실록》을 출간한 이후 《한권으로 읽는 고려왕조실록》, 《한권으로 읽는 백제왕조실록》, 《한권으로 읽는 신라왕조실록》 등 '한권으로 읽는 역사 시리즈'를 펴내면서 쉽고 재미있는 역사책 읽기의 바람을 일으켰습니다. 그 외에도 《교양으로 읽는 한국사》 등의 많은 역사책을 썼습니다.

**그림  이현주**

홍익대 시각디자인과를 졸업하고 한국 일러스트레이션 학교를 수료했으며, 현재 프리랜서 일러스트레이터로 활동하고 있습니다. 그린 책으로 《나의 올드 댄, 나의 리틀 앤》, 《운동화 한 켤레》, 《공짜 밥》 등이 있습니다.

**이미지 제공**

연합포토, 중앙포토, 국립중앙박물관, 국립부여박물관, 국립경주박물관, 국립민속박물관, 유연태(사진작가), 허용선(사진작가)

**광개토 대왕 이야기 한국사 ⑬ 고구려**

# 수나라의 백만 대군을 물리치다

**총기획 및 발행인**  박연환
**발행처**  (주)한국헤르만헤세
**출판등록**  제17-354호
**연구개발원**  경기도 성남시 분당구 금곡동 444-148
**대표전화**  (031)715-7722
**팩스**  (031)786-1100
**본사**  서울시 송파구 석촌동 7-3
**대표전화**  (02)470-7722
**팩스**  (02)470-8338
**고객문의**  080-715-7722
**편집**  임미옥, 백영민, 윤현주, 지수진, 최영란
**디자인**  장월영, 주문배, 김덕준, 김지은

ⓒ Korea Hermannhesse

△ 주의 : 본 교재를 던지거나 떨어뜨리면 다칠 우려가 있으니 주의하십시오.
고온 다습한 장소나 직사광선이 닿는 장소에는 보관을 피해 주십시오.

이 책의 표지는 일반 용지보다 1.5배 이상 고가의 고급 용지인 드라이보드지를 사용해 제작하였습니다. 표지를 드라이보드지로 제작하면 습기의 영향을 덜 받기 때문에 본문 용지가 잘 울지 않고, 모양이 뒤틀리지 않아 책을 오랫동안 보존할 수 있습니다.

이 책은 기존의 석유 잉크 대신 친환경 식물성 원료인 대두유 잉크를 사용하여 인쇄하였습니다. 대두유 잉크는 선진국에서 널리 사용하고 있는 고가의 대체 잉크로, 휘발성이 적어 인쇄 상태의 보존이 용이하고, 인체에 무해할 뿐만 아니라 눈에 부담을 주지 않는 자연스러운 색을 내는 특징이 있습니다.

# 수나라의
# 백만 대군을 물리치다

감수 박현숙 | 글 박영규 | 그림 이현주

한국헤르만헤세

# 외교로 전쟁을 피한 평원왕

평원왕은 양원왕의 첫째 아들로 이름은 '양성'이에요.

559년 3월, 양원왕의 뒤를 이어 고구려 제25대 왕이 되었어요.

당시 중국 땅은 주, 위, 제, 진 등 여러 나라가 일어나고

망하고 나뉘는 등 무척 시끄러웠어요.

게다가 북쪽에서는 돌궐이, 남쪽에서는 백제와 신라가

호시탐탐 고구려를 노리고 있었지요.

나랏일을 걱정하는 평원왕에게 신하들이 아뢰었어요.

"폐하, 함부로 전쟁을 벌였다간 또 다른 나라의 공격을

받을 수 있습니다. 그러니 외교에 힘써야 하옵니다."

"그렇습니다. 외교만 잘하면 전쟁을 피할 수 있을 것이옵니다."

평원왕은 신하들의 의견을 받아들이기로 했어요.

그래서 우선 560년 제나라와 진나라에 사신을 보냈어요.

하지만 전쟁의 위협이 아주 없어진 것은 아니었어요.

이 무렵, 신라가 힘을 키워 백제 땅을 넘보기 시작했어요.

다급해진 백제는 가야, 왜와 동맹을 맺어

신라를 몰아내려고 하였지만

기세를 꺾지 못하고, 여러 성을 내주어야 했어요.

신라는 고구려에도 쳐들어와 동남쪽의 땅을 빼앗아 갔어요.

"고구려의 옛 땅에 비석을 세워 신라 영토임을 분명히 하라."

신라의 진흥왕은 빼앗은 고구려 땅에

황초령 순수비와 마운령 순수비를 세우게 했어요.

"뭐라, 신라가 우리 땅에 비석을 세워? 하룻강아지
범 무서운 줄 모른다더니, 신라가 그 격이로구나!"
평원왕은 크게 분노했어요.
하지만 남쪽으로 군사를 보낼 수가 없었어요.
북쪽에서 돌궐, 주나라 등이 고구려를 칠
기회를 호시탐탐 노리고 있었기 때문이에요.
그래서 평원왕은 왜에 사신을 보내기로 했어요.
"왜와 동맹을 맺으면, 신라가 바다를 비워 두고
우리 땅을 쉽게 침범하지 못할 것이다."
고구려는 왜와 동맹을 맺어 신라를 견제했어요.

그 무렵, 주나라가 고구려의 요동성에 쳐들어왔어요.

평원왕은 직접 군사를 이끌고 나가 적을 물리쳤어요.

그러자 평원왕은 자신감이 생겼어요.

'외적을 물리쳤으니 이제 빼앗긴 땅을 되찾아야겠다.

우선 신라부터 혼내 주리라.'

"폐하, 강성해진 신라와 전쟁을 벌이는 것은 위험하옵니다."

"하하하, 누가 전쟁을 벌인다고 하더냐?

주변의 나라들과 동맹을 맺어

신라를 외톨이로 만들 생각이다."

평원왕은 능숙한 외교를 통해 전쟁을 피할 수 있었어요.

## 수나라의 등장

577년, 주나라의 왕 우문옹이 제나라를 무너뜨렸어요.

제2대 왕 우문빈이 세상을 뜨자, 그의 친척이

수나라를 세우고 왕이 되니 바로 수 문제예요.

평원왕은 재빨리 수나라에 사신을 보냈어요.

수 문제가 어떤 사람인지 알아 두기 위해서였지요.

"수 문제가 어떤 사람인지, 우리 고구려에 무엇을 원하는지
살피고 오너라. 또 수나라의 사정도 자세히 알아 오너라."
수나라를 다녀온 사신은 평원왕에게 이렇게 아뢰었어요.

# "수 문제는 욕심이 많은 사람입니다.
# 곧 중국을 통일할 것 같습니다."

평원왕은 신하들을 불러 모았어요.
"사신의 말을 들어 보니 수나라가 곧
우리 고구려를 넘볼 것 같다. 전쟁에 대비하여 성을 고치고
농사에 더욱 힘을 쏟도록 하라.
그리고 수나라에는 계속 사신을 보내어
상황이 어찌 돌아가는지 정확하게 알아내도록 하라."
수 문제가 고구려와 가까이 지내고 싶다는 뜻을 내비쳤지만
평원왕은 믿지 않았어요.
"남쪽의 진나라를 무너뜨리고 싶어서
우리와 가까이하려는 것이다. 하지만 진나라를
없앤 다음에는 우리 고구려를 적으로 삼을 것이다."
그래서 도읍도 중국에서 더 먼 장안성으로 옮겼어요.
아니나 다를까 평원왕의 예상대로
중국 땅을 통일한 수나라가 고구려를 위협해 왔어요.
590년 10월, 평원왕이 갑자기 세상을 떠나고 말았어요.

# 평강 공주와 온달 장군

평원왕에게는 어린 딸이 하나 있었어요.

걸핏하면 울어 대는 울보 공주로, 이름은 평강이었어요.

평원왕은 딸이 울 때마다 이렇게 말하곤 했어요.

"네 울음소리가 하도 커서 궁궐이 울리는구나.

자꾸 울면 바보 온달에게 시집보낼 줄 알아라."

온달은 가난한 총각으로, 눈먼 어머니를 모시고 살았어요.

동네 아이들이 그를 '바보 온달'이라고 놀렸지요.

어느덧 평강 공주는 열여섯 살이 되었어요.

평원왕이 공주를 상부 고씨 집안으로 시집보내려고 하자

평강 공주가 정색을 하며 말했어요.

"아바마마는 제게 바보 온달의 아내가 되라고 하셨어요."

"널 놀리려고 한 말이었다."

"왕이 함부로 말을 바꾸거나

거짓말을 하면 안 됩니다.

저는 온달 님과 혼인하겠어요."

평원왕은 고집 부리는 평강 공주에게

불같이 화를 냈어요.

"이 아비를 놀리는 게냐?

당장 궁궐을 나가거라!"

농담이었다니까!

저는 온달 님과
혼인하겠습니다.

궁궐을 나온 공주는 물어물어 온달의 집을 찾아갔어요.

공주는 온달의 눈먼 어머니에게 공손하게 절을 하며 물었어요.

"저는 온달 님을 찾고 있습니다. 어디 계십니까?"

"귀한 집 따님 같은데, 온달은 왜 찾으십니까?

나무껍질을 벗기러 산에 갔답니다."

평강 공주가 산길을 올라 바위에 앉아 잠시 쉬고 있을 때

온달이 나무껍질을 지고 내려왔어요.

평강 공주가 벌떡 일어나 온달에게 말했어요.

"온달 님이십니까? 당신의 아내가 되고자 합니다."

"무슨 소리요? 보아하니 귀한 집 아가씨 같은데, 날 놀리지 마시오."

온달은 소리를 버럭 지르더니 뚜벅뚜벅 산을 내려왔어요.

평강 공주도 오두막까지 따라왔어요.

평강 공주는 자신이 이곳에 온 까닭을 설명했어요.

"사람의 인연이란 마음만 있으면 맺어지는 것입니다.

저는 이미 궁궐에서 쫓겨난 몸이에요.

갈 곳도 없으니 부디 저를 받아 주세요."

온달은 평강 공주의 진실된 마음을 받아들여 혼인을 했어요.

평강 공주는 먼저 온달에게 글공부를 시켰어요.

그리고 틈틈이 무예를 익히게 했지요.

온달은 점점 지혜롭고 용맹스러운 남자가 되어 갔어요.

당시 고구려에서는 해마다 3월 3일이 되면 낙랑 언덕에 모여

사냥을 하고, 잡은 짐승으로 하늘에 제사를 지냈어요.

왕도 참석해 사냥을 가장 잘한 젊은이에게 상을 주었어요.

평원왕도 어김없이 사냥 대회를 열었어요.

북소리가 '둥' 하고 울리자 사냥 대회가 시작되었어요.

평원왕은 한 젊은이에게서 눈을 떼지 못했어요.

그 젊은이는 맨 앞에서 말을 몰았고, 화살 또한 백발백중이었어요.

사냥이 끝난 뒤, 평원왕은 그 젊은이를 불렀어요.

"사냥 솜씨가 보통이 아니구나! 네 이름이 무엇이냐?"

"온달이라고 하옵니다."

"이제 보니 정말 믿음직한 장군감이로구나.

네 말 또한 훌륭하기 이를 데 없다. 네가 기른 것이냐?"

"제 아내가 길렀습니다."

"오호, 놀랍구나. 네 아내는 어느 집안의 누구인고?"

"폐하의 따님이신 평강 공주님입니다."

그 후 온달은 평원왕의 부름을 받아 장수가 되었답니다.

▲ 온달산성

충청북도
단양군에 있지.

온달 장군에
얽힌 전설이 많이
전해지는 곳이야.

주나라가 요동 지방에 쳐들어오자 온달은
용맹하게 달려 나가 수십 명의 적군을 단칼에 베어 버렸어요.
"내 사위 온달이 정말 자랑스럽구나!"
평원왕은 온달에게 귀족 신분을 내렸어요.
그리고 항상 가까이 두고 나랏일을 의논했지요.
평원왕이 죽고 영양왕이 왕위에 오르자,

온달이 이렇게 아뢰었어요.
"폐하, 신라에 빼앗긴 땅을 되찾아
나라의 기운을 북돋우소서."

욱, 이렇게 죽다니….

장군, 정신 차리십시오!

"하지만 얼마 안 되는 군사를 이끌고 신라와 싸울 장수가 없구나."
"제가 가겠습니다. 신라에 빼앗긴 땅을 되찾지
못하면 절대로 돌아오지 않을 것입니다."
싸움터에 나간 온달은 아차산성에서
신라군이 쏜 화살을 맞고 그만 숨을 거두었어요.
병사들이 온달의 장례를 치르려고 했지만,
관이 땅에 붙어 꿈쩍도 하지 않았어요.
평강 공주가 달려와 관을 어루만지자
그제야 움직였대요.

# 수나라의 침입을 막아 낸 영양왕

## 수나라 30만 대군을 무찌르다

영양왕이 왕위에 오른 지 얼마 되지 않아

수나라에서 사신을 보내 왔어요.

"고구려 왕은 신하로서 수나라를 섬기도록 하라.

그리고 그 표시로 보물을 바치도록 하라."

하지만 영양왕은 이렇게 말했어요.

"우리는 중국의 어떤 나라에도 고개를 숙인 적이 없다.

당연히 수나라에도 그럴 생각이 없다."

수나라 사정을 살피고 온 사신이 이렇게 아뢰었어요.

"수 문제가 우리를 치기 위해 군사를

모아 훈련시키고 있습니다."

영양왕이 웃으며 말했어요.

"우리가 언제 적이 쳐들어올 때까지

기다린 적이 있었더냐?

말갈 군사 1만 명을 불러와라.

먼저 요서 지방을 공격하겠다."

고구려가 수나라 말을 들을까?

고구려 자존심 알잖아.

598년, 고구려가 수나라 요서 지방을 공격했어요.

수 문제는 얼굴이 벌겋게 달아올라 소리쳤어요.

"고구려가 감히 우리를 먼저 공격해?

당장 매운맛을 보여 주겠다. 군사를 준비시켜라."

당시 말갈군 1만 명을 이끌고 요서 공격을 지휘한 인물은

병마원수 강이식 장군이었어요.

"우리가 요서를 친 것은 수나라 대군을 불러내기 위해서다.

수나라 군대는 바닷길로 올 것이 분명하다.

그러니 바닷가 방어를 튼튼히 하라!"

마침내 수나라의 30만 대군이 고구려에 쳐들어왔어요.

좌군은 육로로, 우군은 바닷길로 왔어요. 수나라 장수 주나후는

우군을 이끌고 산둥 반도의 동래에 다다랐어요.

▲ 제1차 고·수 전쟁

수나라 군사들이 배를 타고 고구려로 들어왔어요.
뱃길로 요동 반도까지 간 다음, 강을 거슬러 올라
평양성까지 쳐들어갈 계획이었어요. 강이식 장군은
이런 수나라의 작전을 훤히 꿰뚫어 보고 있었어요.
"적군의 수가 30만 명이니 엄청난 식량이 필요할 것이다.
식량을 실은 배가 땅에 닿지 못하도록 하라.
육지로 오는 군사들이 굶어 죽도록 말이다."

고구려 수군은 식량을 실은 수나라의 배를 모두 가라앉혔어요.
그리고 다른 배들도 보이는 족족 뒤집어 버렸어요.
식량이 끊기자, 수나라 병사들은 배가 고파 견딜 수 없었어요.
고구려로 가는 길은 사냥조차 할 수 없는 허허벌판이라
굶주림에 시달리다 하나둘 쓰러져 갔어요.
때마침 장마철로 접어들어 전염병이 돌기 시작했어요.
지치고 굶주린 수나라 병사들은 병을 이길 수 없었어요.
수나라는 대부분의 군사를 잃고 물러갈 수밖에 없었어요.

## 다음 전쟁을 준비하다

수 문제는 30만 대군이 무너졌다는 소식에 가슴을 쳤어요.
"어떻게 키운 병사들인데 순식간에 잃었단 말이냐?
장수들은 그 죄를 잘 알고 있으렷다.
그들의 목을 베고, 다시 고구려를 칠 준비를 하라.
이번에는 절대로 지지 않을 것이다."

수 문제의 신하들이 머리를 조아리며 말했어요.
"군사를 잃은 것은 고구려의 사정을 잘 몰랐기
때문입니다.
군사를 훈련시키면서
때를 기다리십시오."
수 문제는 전쟁을 잠시
미루기로 했어요.

역사책을
새로 써야 해.

22

6만 명의 군사로 30만 수나라 대군을 물리친 고구려는
조정과 백성 모두 한껏 자부심을 느꼈어요.
영양왕은 고구려인의 기상을 오래도록 전하고 싶었어요.
"전쟁에서 이기려면 강한 군대가 필요하다.
그에 못지않게 애국심과 정신력도 중요하다.
그동안 우리 조상들이 어떻게 살아왔으며
어떻게 나라를 지켜 왔는지 배울 필요가 있다."
600년 1월 영양왕은 태학박사 이문진을 시켜 역사책을 새로 쓰게 했어요.
이문진은 고구려 초기에 씌어진 100권으로 된
역사책 〈유기〉를 정리하여 〈신집〉을 펴냈어요.
중요한 사건들을 추려 5권으로 묶은 책이에요.

고구려 역사책을
참고하면 되겠어.

# 살수 대첩의 영웅, 을지문덕

603년 7월, 수나라의 황제가 바뀌었어요.

수 문제의 둘째 아들 양광이 반란을 일으켜

아버지를 죽이고 스스로 왕이 되니, 바로 수 양제예요.

"우리 30만 대군이 한낱 고구려군에 패한 이유는

식량을 제때 받지 못한 탓이다.

식량만 잘 나른다면 고구려 정복은 식은 죽 먹기다."

수 양제는 왕이 된 직후 도읍인 낙양과 탁군(베이징) 사이에

배가 다닐 수 있는 물길을 뚫게 했어요.

중국 남쪽에서 재배한 곡식을 고구려와 가까운

탁군으로 쉽게 옮길 수 있도록 하기

위해서예요.

전국의 백성들이 동원된

엄청난 공사였어요.

백성들의 불만은 커져 갔고,

나라 살림도 휘청거렸어요.

수 양제는 돌궐에도 공사에

필요한 물자를 대라고 요구했어요.

607년에는 군사를 이끌고

돌궐에 가기도 했어요.

▲ 을지문덕 동상

수 양제는 돌궐에 와 있는 고구려 사신을 불렀어요.

"수나라에 선물을 보내어 예의를 갖추라고 분명히 말했다.

너희는 왜 아무 대답이 없느냐?"

고구려 사신은 담담한 표정으로 이렇게 대답했어요.

"우리 고구려는 어떤 나라에도

고개를 숙인 적이 없습니다.

앞으로도 그럴 것입니다."

수 양제는 잔뜩 화가 났어요.

건방진
고구려를
당장 칠 것이다.

수 양제는 신하들을 모아 놓고 이렇게 말했어요.

"건방진 고구려를 그대로 두면 다른 나라들이 보고 배운다.

모든 군사를 탁군에 집결시켜 고구려를 칠 준비를 하라."

중국 전역에서 100만 명이 넘는 군사가 모였어요.

군대를 좌군과 우군으로 나눈 다음 각기 12군으로 짰어요.

수 양제는 좌군을 이끌고 직접 전쟁을 지휘했어요.

수 양제의 군대는 먼저 뗏목을 엮어 요수에 다리를 놓았어요.

고구려군은 수나라군이 요수를 건너지 못하게 하려고

필사적으로 막았으나 실패하고, 1만 명이 죽었어요.

수 양제는 곧장 고구려의 요동성으로 치달았지만

저항이 워낙 강해 성문조차 부수지 못했지요.

이번에는 육합성을 뚫으려 했으나 이마저도 실패했어요.

한편 동래에서는 우군의 지휘자인 내호아가
고구려를 향해 발해만에 전함을 띄우며 큰소리쳤어요.
"우리는 바다를 건너 곧장 평양성까지 올라갈 것이다.
평양성에 닿기만 하면,
고구려는 우리 손에 들어온 것이나 다름없다!"
수나라 우군은 평양성에서 60리 정도 떨어진 곳까지 들어왔어요.
숫자가 워낙 많아 고구려군은 어떻게 해볼 도리가 없었어요.
"싸움이 너무 싱겁지 않느냐? 고구려의 평양성을
황제께 바칠 날이 얼마 남지 않았다."
평양성이 눈에 들어오자 내호아는 들뜬 목소리로 말했어요.
"우리의 30만 대군을 물리쳤던 고구려가
이렇게 쉽게 무너지다니!
저 성만 손에 넣으면 고구려는 끝이 난다.
힘껏 노를 저어라. 빨리 평양성에 들어가고 싶다!"
우군의 배가 마침내 평양성 앞에 다다랐어요.
그때까지 고구려군은 아무런 움직임이 없었어요.
수나라 군사들이 강 깊숙한 곳까지 들어오자
사방에서 고구려 군사들이 튀어나왔어요.

"너희는 독 안에 든 쥐다.
평양성이 그리 만만해 보이더냐? 매운맛 좀 봐라!"
고구려군이 한꺼번에 수나라 배를 공격했어요.
내호아는 급히 배를 돌렸지만 한발 늦었어요.
고구려군의 집중 공격으로
수나라군은 삽시간에
무너졌어요.

이미
늦었어요.

이크, 속았구나.
어서 배를
돌려라.

내호아의 우군이 도망치고 있을 무렵,
좌군의 지휘자인 수 양제는 평양성을 칠 계획을 세웠어요.
이 소식을 듣고 영양왕은 을지문덕을 불렀어요.
"배를 타고 온 군대는 막아 냈지만 육지에는 아직
30만 명이 넘는 수나라 군대가 있소.
요동성을 포기하고 곧장 평양성을 치러 올 텐데,
저들을 막을 방법이 없겠소?"
을지문덕은 믿음직한 목소리로 대답했어요.
"고구려 군사의 숫자는 저들에 비해 턱없이 적습니다.
따라서 정면으로 맞서면 절대로 이길 수가 없고
꾀를 내어 물리쳐야 합니다."
"장군, 그대에게 고구려의 운명이 달려 있소.
부디 수나라 놈들을 쫓아내 주시오."

이상한데….

항복하려고
왔소이다.

을지문덕은 수나라 군대의 본부로 찾아갔어요.

수나라 병사들은 홀로 찾아온 을지문덕을 보고

깜짝 놀라서 최고 지휘관인

우중문과 우문술 앞으로 데려갔어요.

"고구려 장수가 제 발로 걸어오다니, 어떻게 된 일인가?"

"우리 고구려는 수나라를 이기지 못하오.

우리 군대가 아무리 강한들

어찌 100만이 넘는 대군을 이길 수가 있겠소?

이대로 가다간 우리 고구려 백성이 모두

죽을 판이니, 항복을 하려고 왔소."

우중문이 칼을 뽑아 들며 큰소리로 외쳤어요.

## "당장 을지문덕의 목을 베자!

## 그러면 이 전쟁은 우리의 승리로 끝날 것이다."

그때 수나라의 신하 유사룡이 앞을 막고 나섰어요.

"항복하는 장수를 죽이면 나라의 체면이 뭐가 됩니까?

또한 그 모습을 보면 어떤 나라가 항복을 해 오겠습니까?

그러니 을지문덕을 놓아주고, 항복하려고 했다는

소문을 널리 퍼뜨려서 고구려군의 사기를

떨어뜨리는 것이 좋겠습니다."

우중문은 을지문덕을 그냥 돌려보냈어요.

하지만 곧바로 후회스러운 마음이 들었어요.

"아무리 나라의 체면을 구기더라도 그를 죽였어야 했어.

여봐라, 어서 을지문덕을 쫓도록 하라."

하지만 우문술의 생각은 달랐어요.

"그러지 마십시오. 지금 식량도 거의 다 떨어졌습니다.

어서 돌아가서 식량을 가지고 와야 합니다.

군사들이 굶주려서 힘들어 하고 있습니다.

을지문덕을 쫓다가 더 큰 피해를 당하면 어떡합니까?"

하지만 우중문은 계속 고집을 피웠어요.

"을지문덕이 제 발로 와서 항복하지 않았느냐?

고구려군은 힘이 빠질 대로 빠져 있어

그를 다시 잡아오는 일은 어렵지 않을 것이다."

우중문의 마음이 무척 설레겠어.

우중문은 30만 군사를 이끌고 을지문덕을 찾아 나섰어요.

중간에 만난 고구려군도 간단히 무찔렀어요.

"내가 뭐라고 했느냐?

고구려 군사들은 이미

허깨비나 다름없다!"

꿈꿀 때가 좋은 거지.

우중문은 군사들을 재촉했어요.

을지문덕이 만든 함정에 빠진 줄은

꿈에도 몰랐지요.

우중문은 살수(지금의 청천강)를 건너 평양성 30리 앞에 진을 쳤어요.
이때 을지문덕은 우중문에게 시 한 수를 지어 보냈어요.

**신기한 책략은 천문을 통달하였고**
**묘한 계략은 땅의 이치에 이르렀다.**
**전쟁에 이겨 이미 그 공이 높으니**
**만족함을 알고 돌아가는 것이 어떠리.**

그리고 우문술에게는 부하를 보내 이렇게 말하도록 시켰어요.
"군사를 거두어 수나라로 돌아가면 장군께서 직접 왕을 모시고
수나라에 예를 갖추러 간다고 하셨습니다."
싸움에 자신이 없었던 우문술은 군대를 돌려 수나라로 향했어요.
같은 시간, 을지문덕의 군사들은 살수에 둑을 쌓아
강물을 막고 있었어요.

▲ 제2차 고·수 전쟁

그 유명한
살수 대첩,
개봉 박두.

마침내 우중문의 군대가 살수에 도착했어요.

수나라 군사들이 얕은 물길을 건너기 시작했어요.

수나라 군대가 강을 절반쯤 건넜을 때 을지문덕이 외쳤어요.

## "지금이다! 둑을 무너뜨려라!"

막혀 있던 강물이 한꺼번에 쏟아져 내렸어요.

거친 물살에 휩쓸린 수나라 군사들은

강물 속에서 비명을 지르며 허우적거렸어요.

"활을 쏘아라! 한 놈도 살려 두지 마라!"

고구려 병사들은 수나라 군대를 향해 화살을 퍼부었어요.

이때 30만 대군 중 살아서 돌아간 군사는 3,000명이 안 되었어요.

이 소식을 들은 내호아는 즉시 군대를 되돌렸어요.

수 양제는 분해서 펄펄 뛰었어요.

▲ 살수 대첩 민족 기록화

"백만이 넘는 군사가
　이렇게 힘없이 꺾이다니
　말이 되느냐?
　살아 돌아온 우문술의
　죄를 엄히 물을 것이다."
을지문덕의 살수 대첩은
세계 전쟁사에 길이 남는
명승부였어요.

## 무너지는 수나라

613년 4월, 수 양제는 또다시 고구려로 쳐들어왔어요.

수 양제는 우문술에게 좌군을 맡겨 신성을 치게 하고

자신은 우군을 이끌고 요동성 공략에 나섰어요.

하지만 아무리 공격을 퍼부어도 성문은 열리지 않았어요.

"요동성보다 높은 흙성을 쌓아라. 그리고 그 위에

커다란 수레를 올려 화살을 퍼부어라."

수나라 군대는 높은 흙성을 쌓아 죽을힘을 다해 공격을 해 댔어요.

그 무렵 수나라에서 반란이 일어났어요.

수 양제가 전쟁에 빠져 나라를 돌보지 않은

탓이에요.

수 양제는 나라 안의 반란을 잠재우기 위해

군대를 거두어 돌아갔어요.

614년 7월, 수나라는 네 번째 침략을 해 왔어요.

이 싸움에서 고구려는 비사성을 빼앗겼어요.

수나라 군대가 평양성을 향해 다가오자,

영양왕은 신하들의 뜻을 물어 화해를 청했어요.

수 양제도 고구려의 요청을 받아들여 자기 나라로 돌아갔어요.

안 그래도 중국에서 반란이 잦아 전쟁을 하기 힘들었거든요.

이로써 수나라와 고구려의 오랜 전쟁이 끝났어요.

수나라는 네 차례의 전쟁으로 국력이 약해진 데다

곳곳에서 반란이 일어나 618년에 멸망했어요.

# 고구려 사람들은 어떻게 살았을까?

1,300여 년 전 고구려 사람들은 어떤 옷을 입고, 무엇을 먹었으며, 어떤 집에서 살았을까요? 고분 벽화를 통해 고구려 사람들의 의식주 생활을 짐작할 수 있어요. 귀족은 기와집에 살면서 멋진 옷을 입었어요. 음식은 잡곡밥과 소금에 절인 채소, 된장 등을 먹었어요.

## ❀ 어떤 옷을 입었을까?

고분 벽화에 그려진 고구려 사람들의 옷차림은 무척 화려해요. 왕족이나 귀족들은 무늬가 들어간 비단옷과 가는 실로 촘촘하게 짠 베로 만든 옷을 지어 입었어요. 저고리는 엉덩이를 덮는 길이이고, 다른 색깔의 천으로 테두리를 둘렀어요. 여기에 맵시 있게 허리띠를 맸어요.

추운 지방인 만큼 남녀 모두 바지를 입었어요. 바지는 발목 부분이 잘록하고 물방울 무늬, 마름모 무늬 등이 새겨져 있어요. 여자들은 바지 위에 치마를 두르기도 하고 치마만 입기도 했어요. 치마는 주름이 많고, 무늬가 없어요.

서민들은 무늬 없는 거친 베옷으로 사계절을 났어요. 귀족과 왕족 들은 털옷이나 가죽옷을 입었지만 백성들은 베옷을 겹쳐 입거나 옷 속에 풀씨를 넣어 추위를 견뎠어요.

금으로 된 머리 장식은 왕만 할 수 있었어요. 귀족들은 계급에 따라 푸른색, 붉은색 비단 관을 썼어요. 관리의 경우 문관은 뿔이 난 듯한 모자, 무관은 뒤쪽이 높은 모자와 새 깃을 꽂은 모자 등을 썼어요. 백성들은 머릿수건을 맸지요.

고구려 사람들은 패션 감각이 뛰어난 것 같아.

## ❀ 무엇을 먹고 살았을까?

고구려가 자리한 북쪽 땅은 산이 많고 날씨가 추워서 농사가 잘되지 않았어요. 그래서 콩, 보리, 조, 옥수수 등 밭곡식을 재배하고 채집 생활도 했어요. 백성들은 먹을 것이 부족해 나무껍질을 벗기거나 풀뿌리를 캐서 배를 채웠지요. 반찬은 소금에 절인 채소와 콩을 소금물에 담가 발효시킨 된장을 주로 먹었어요.

고기는 사냥을 해서 얻었지만 백성들은 맛보기 힘들었어요. 된장 양념 등을 발라서 구운 '맥적'은 고구려의 대표 음식으로, 이웃 나라에까지 알려졌답니다.

▲ 각저총 벽화의 식사 모습

▲ 높게 만든 침상에 앉아 있는 부부

## ❀ 어떤 집에서 살았을까?

고구려에는 기와집과 초가집, 움집이 있었어요. 귀족들은 큰 기와집에서 살고 집 안에는 곡식 창고, 부엌, 방앗간, 마구간, 수레 창고, 우물 등이 딸려 있었어요.

땅바닥의 추운 기운을 피하기 위해 의자나 침상을 사용했어요. 겨울에는 방 안 침상에 쪽구들을 놓아 난방도 했어요.

누에를 쳐서 명주와 비단옷을 만들어 입었어.

### 한국사 돋보기

## 고구려에도 견우와 직녀가 있었다?

7월 칠석날은 은하수를 사이에 두고 떨어져 있는 견우와 직녀가 만나는 날이라는 이야기를 들어 보았을 거예요. 그런데 고구려의 덕흥리 고분 벽화에 견우와 직녀 그림이 그려져 있답니다. 소를 끄는 견우는 농사의 신을 상징하고 베를 짜는 직녀는 길쌈의 신을 상징해요.

이 그림을 통해 예부터 우리 민족은 농사와 함께 옷감 짜는 일을 매우 중요하게 여겼다는 것을 알 수 있어요. 대안리 고분의 '베 짜는 여인'을 통해서도 방직 기술이 발전했다는 것을 짐작할 수 있어요.

# 수나라의 침략을 물리친 영웅들

중국 수나라는 네 차례나 고구려를 침략했어요. 그때마다 지혜로운 장수들이 앞장서서 수십만 명의 수나라 군사를 막아 냈어요. 대규모 전쟁으로 많은 백성을 잃고, 나라 살림까지 기울어 수나라는 결국 망하고 말았어요. 바람 앞의 등불 같은 나라를 구한 영웅들을 만나 볼까요?

## ✿ 살수 대첩의 영웅, 을지문덕

을지문덕은 수나라의 두 번째 침략에서 수십만의 군사를 강물에 빠뜨려 장사 지낸 '살수 대첩'의 주인공이에요. 살수 대첩은 군사의 수나 탁월한 전략에서 세계적인 전쟁으로 손꼽히고 있지요.

을지문덕은 적을 찾아가 거짓 항복을 할 만큼 배짱이 두둑하고, 전략을 잘 짜는 지혜로운 장수였어요.

게다가 글솜씨도 뛰어나 적장에게 그만 물러가라는 내용의 시를 지어 보내기도 했지요. 하지만 을지문덕이 언제 태어나고 죽었는지, 어떤 생활을 했는지는 알 수 없어요.

고구려의 다섯 부족 중 하나인 계루부 출신으로, 어려서부터 무예를 익혀 영양왕 때 장군이 되었어요.

▲ 살수 대첩을 이끈 을지문덕 장군

▲ 수나라의 첫 번째 침입을 물리친 강이식 장군

## ✿ 수나라의 첫 번째 침입을 물리친 강이식

598년에 수나라가 30만 대군을 앞세워 첫 번째로 침입했을 때, 고구려 군사를 지휘한 장수가 강이식이에요. 그는 5만 명의 군사를 이끌고 바다로 나가 군량미를 실은 수나라 배들을 모조리 뒤집어 버렸어요. 육지로 쳐들어온 적의 식량 보급을 끊기 위해서였지요.

이 작전이 맞아떨어져 육지로 쳐들어온 수나라 군대는 굶주림에 지치고, 때마침 장마철을 맞아 전염병까지 돌아 싸울 힘을 잃었어요. 고구려군은 이 틈을 이용해 적을 완전히 몰아냈지요.

수나라의 첫 번째 침입을 완벽하게 막아 낸 강이식은 나중에 진주 강씨의 시조가 되었어요.

**550**

돌궐, 고구려 공격 ➡ 551
백제, 일본에 불교 전함 ➡ 552
553 ⬅ 동로마, 콘스탄티노플 제5차 종교 회의 개최

▲ 콘스탄티노플의 성 소피아 성당

위덕왕 즉위 ➡ 554
신라, 진흥왕 순수비 건립 ➡ 555
562 ⬅ 동로마, 사산 왕조 페르시아와 강화 맺음

**570** ⬅ 무함마드 탄생

〈고승전〉 지음 ➡ 576
577 ⬅ 북주, 북제 멸망시킴
신라, 진평왕 즉위 ➡ 579
589 ⬅ 수, 중국 통일

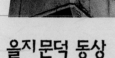

## 을지문덕 동상

을지문덕 장군은 싸울 힘을 잃고 돌아가는 수나라 군대를 살수에서 모두 물리쳤어요.

> 살아 돌아간 수나라 군사는 3,000명도 안 되었다고 해.

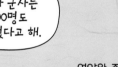

영양왕 즉위 ➡ **590** ⬅ 교황 그레고리우스 1세 즉위
온달, 아차산성에서 전사

수나라 제1차 침입 ➡ 598

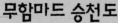

담징, 일본으로 건너감 ➡ **610** ⬅ 이슬람교 창시

살수 대첩 ➡ 612
수나라 3차 침입 ➡ 613
수나라 4차 침입 ➡ 614
영류왕 즉위 ➡ 618 ⬅ 중국, 당 건국

▲ 담징이 그린 일본 호류 사의 금당 벽화

## 무함마드 승천도

무함마드가 창시한 이슬람교는 짧은 기간에 아라비아 반도를 거쳐 북아프리카, 남유럽까지 퍼졌어요.

> 이슬람교는 모든 사람은 신 앞에 평등하고, 가난한 사람을 보살피라고 가르치지.